Bèibidh Bòidheach Dhùn Dèagh

Michelle Sloan & Kasia Matyjaszek

acair

Gach uair a bhios sinn air an t-sràid,
Nochdaidh cailleach bheag no dhà.
"Cho snog 's tha 'm bèibidh," their iad
le gàir'.

Le "cìc-a-bù" is "o mo ghràdh air!"
"Seall cho còir 's a tha do bhràthair.
Chan eil pàist' san sgìre nas àile."

Air clàr a' bhaile, laigh mo shùil.
Dè bha seo ach farpais ùr.
A' sireadh bèibidh, bòidheach ciùin.

Seallaibh seo! Nach gabh sinn pàirt?
Bidh 'm bèibidh againn cho brèagh' ri càch,
Le boiseag bheag mu cheann 's mu mhàs.

An lorg mi aodach glan dhan phàiste?
Am measg nam peallag, "o mo nàire!"
'S gach peitean 's briogais air feadh an àite.

Bho bhonn a chasan gu mullach a chinn,
Nigh sinn is chìr sinn fhalt cho mìn.
Seall esan a-nise – na mharaiche grinn.

Iris a'Bhaile
AN CABAIRE

Bèibidh Bòidheach
A'Cosnadh Cliù

A' suidhe air a' bhus, 's esan cho dòigheil.
Cailleachan laghach ga mhilleadh 's ga phògadh.
"Gun teagamh sam bith seo am bèibidh as bòidhche!"

Tha mise gun uallach 's mi dùnadh mo shùilean,
Ag aisling an sin mun naidheachd a lùiginn.
Cò eile a gheibh buaidh ach am bèibidh as cliùitiche?

Carson a-nis a tha am bus air stad?
Dè fuaim bha siud? Dè rinn am brag?
Cha ghluais am bus seo le einnsean rag.

Fad on bhaile, abair milleadh.
Chan eil am bus seo dol a thilleadh.
Cha robh an còrr a dhìth ach
deàrrsach 's sileadh.

Dè mun fharpais? Seall an uair!
Ged a bhiodh i fliuch is fuar,
Gheibh sinn ann ma bhios sinn luath.

Sìos an t-sràid, a' ruith 's a' leum.
Splios is splais sa h-uile ceum.
Mo thogair eile! Tha an teaghlach seo treun.

Chan fhada nis' ged tha sinn sàraicht',
Ach nach seall thu seo! Abair tàmailt.
Am bus againne, 's e air a chàradh!

Tha 'm baile trang le sluagh is trafaig.
'S fheudar èigheach nam ghuth bragail.
"Tha bèibidh bòidheach ann an cabhaig!"

CUAIRTEAN BAILE

Nochd am breitheamh
    's i cho leòmach.
Sheas sinne ann an sreath beag,
    dòigheil.
Ach O! bha aon nach robh
    cho bòidheach!

Seall cho robach 's a tha am balach,
Steigeach, peallach agus salach.
'S e seo am pàist' as gànraichte sa bhaile!

O mo chreach! Bhiodh amar feumail.
'S mise ga ghlanadh ann an èiginn.
Cha do rinn sin feum, 's chan eil seo èibhinn.

Chrom am breitheamh sìos gu càirdeil,
'S de rinn am peasan beag de bhràthair?
Ach, a-mach le theanga! O mo nàire!

Dè a shaoil i dhen a mhì-mhodh?
Cha do rinn e fhèin ach plìonas.
Chan fhaigh sinn duais, tha sin cinnteach.

Cha d' thuirt i bìog;
  bha 'n t-àite sàmhach,
Ach thog a gruaim is rinn i gàire.
Gàire mhòr, 's an lasgan a b' àirde

Nuair fhuair i guth, 's i bha sòlach.
"Tha an gille beag seo èibhinn, spòrsail
Is iomadh taobh a th' air a bhòidhchead."

Fhuair e duais; cha b' i a b' àirde.
Ge-tà chan eil an sin ach àireamh.
Oir 's e gaisgeach bòidheach a tha nam bhràthair.